PAUL THOMÉ DE MAISONNE[illegible]

ETUDES SUR L'HISTOIRE
DU HAUT DAUPHINÉ

LA GUERRE DES ALPES

(Comté de Nice, Dauphiné, Savoie)

Mémoire Confidentiel présenté au roi Louis XIV
par le
MARÉCHAL DE BERWICK
en novembre 1712

publié d'après
le Manuscrit original de la Bibliothèque de l'Arsenal
avec Introduction et Notes

Edition J. REY
GRENOBLE

Paul THOMÉ DE MAISONNEUFVE

ETUDES SUR L'HISTOIRE DU HAUT DAUPHINÉ

LA GUERRE DES ALPES

(Comté de Nice, Dauphiné, Savoie)

Mémoire Confidentiel présenté au roi Louis XIV

par le

MARÉCHAL DE BERWICK

en novembre 1712

publié d'après

le Manuscrit original de la Bibliothèque de l'Arsenal

avec Introduction et Notes

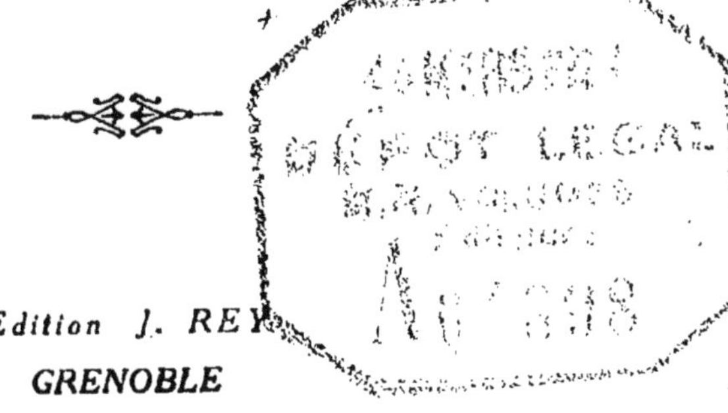

Edition J. REY

GRENOBLE

Mémoire sur la guerre des Alpes

présenté par Berwick au Roi Louis XIV

Introduction

Fils naturel du duc d'York, plus tard Jacques II d'Angleterre, et d'Arabella Churchill, sœur de lord Churchill qui devait, dans la suite, devenir célèbre sous le nom de duc de Marlborough, Jacques Fitz-James naquit le 21 août 1670. En 1687 il fut nommé duc de Berwick. Il passa définitivement au service de la France en 1691 et obtint, en novembre 1703, ses lettres de naturalisation. En 1706 Louis XIV lui conféra le bâton de maréchal de France et le 12 juin 1734, pendant qu'il visitait la tranchée ouverte devant Philipsbourg, il fut tué par un boulet.

A l'âge de sept ans il fut envoyé en France pour y faire ses études ; élève successivement aux collèges de Juilly, du Plessis et enfin à celui de La Flèche, il entra à l'automne 1685 à l'*Académie*, sorte d'école où la jeune noblesse complétait son instruction par l'étude de la guerre et de l'équitation. Son séjour y fut de courte durée et, dès la fin du printemps suivant, il partait faire ses premières armes en Hongrie où les troupes impériales guerroyaient contre les Turcs. A l'école du duc de Lorraine et du duc de Bavière, ainsi qu'à celle du feld-maréchal de Mercy, petit-fils du célèbre Mercy, l'ancien adversaire souvent heureux de Rantzau, Condé et Turenne, il prit part à la campagne contre Buda-Pesth, en 1686, et aux opérations sur la Drave aux environs de Mohacz, en 1687. Revenu ensuite en Angleterre, il eut le gouvernement de Portsmouth et de Southampton, tout en exerçant des commandements militaires importants. Lors du débarquement du prince d'Orange, après avoir pris une part active et brillante aux premiers combats, il accompagna son père, Jacques II, quand celui-ci vint, en décembre 1688, chercher asile à la Cour de France. En mars de l'année suivante il repassa en Irlande avec Jacques II et fut, pendant les années 1689 et 1690, l'âme de la résistance dans ce pays. Rentré en France en février 1691 sur l'ordre formel de Jacques II, Berwick mit définitivement son épée au service de la France, dont il devait être un des chefs militaires les plus illustres.

Employé successivement dans les diverses armées opérant vers les Flandres il y acquit bien vite une réputation justifiée. Aussi, lorsqu'en 1704, il fallut envoyer en Espagne une armée pour s'opposer à l'archiduc Charles envoyé par l'Empereur, son père, pour aider les Portugais à conquérir la Péninsule et en chasser Philippe V, le commandement en fut-il confié à Berwick. Pendant les années 1704, 1706, 1707, manquant de tout, à la tête de troupes insuffisantes et mal approvisionnées, presque abandonné par la Cour de France qui semblait n'avoir d'yeux que pour la frontière du Nord, en butte aux intrigues de boudoirs de la Cour d'Espagne, qui lui reprochait sa droiture et son énergie et qui finit même par obtenir sa disgrâce pendant l'année 1705, il réalisa des prodiges d'activité, de courage et de science militaire, couronnés par la brillante victoire d'Almanza, qui à elle seule suffirait à immortaliser son nom.

Pendant la courte disgrâce qu'en 1705 lui valurent les cabales de la célèbre princesse des Ursins, toute puissante à Madrid, et pendant laquelle il fut relégué dans son commandement de Languedoc, le roi Louis XIV le chargea de s'emparer de Nice.

Comme Vendôme et avant lui Catinat et tous ceux qui avaient eu à commander dans les Alpes, il ne reçut que des effectifs notoirement insuffisants pour réduire cette ville et son château, qui passaient pour constituer une des places les plus fortes d'Europe. Pourtant, arrivé devant Nice le 31 octobre, il s'emparait de cette redoutable position le 4 janvier suivant. Le bâton de maréchal fut la récompense de ce fait d'armes et les affaires d'Espagne allant de mal en pis, il fut envoyé de nouveau, dès 1706, dans la Péninsule et ne la quitta plus jusqu'après la bataille de Lérida qui, à la fin de 1707, consolida la jeune couronne du petit-fils de Louis XIV. Son caractère et son talent avaient eu raison des intrigues de cour, et afin d'éviter les instances du roi d'Espagne pour le garder, Louis XIV, qui voulait utiliser ses services dans le Nord, dut lui faire quitter presque secrètement l'Espagne.

La guerre des Alpes et le Mémoire au Roi

C'est en 1709 que commence le rôle de Berwick dans les Alpes.

Dès le mois de mars de cette année, il fut chargé de la défense des frontières du côté du Piémont, défense qu'il eut à assurer jusqu'au traité d'Utrecht ; mais, comme en Dauphiné la rigueur du climat ne permettait de ne « *commencer la campagne que fort tard et nécessitait de la finir fort tôt* » nous le trouvons entre deux campagnes constamment employé sur les divers autres théâtres d'opérations.

Rentré à la Cour au commencement de novembre 1712, après que les troupes alpines eurent regagné leurs quartiers d'hiver, il remet au roi, dès le 23 du même mois, un mémoire détaillé sur les principes qui doivent diriger la défense des frontières du Sud-Est et sur leur application pratique. Cette frontière il l'a parcourue sans cesse pendant son long commandement et dans tous les sens : il en connaît les moindres accidents physiques, les difficultés et les ressources stratégiques. Commme Catinat le fut avant lui, il est frappé de l'ignorance où on est en haut-lieu de ce qu'est la guerre de montagne « *guerre toute différente des autres et qu'on a difficulté à comprendre, guerre qui paraît d'abord extraordinaire et fort difficile, mais qui devient aisée, quand on est bien averti des mouvements de l'ennemi et que l'on fait des navettes à propos* » (Mémoires, page 315.) Cette ignorance est telle à la Cour et dans la haute administration de l'armée, sur tout ce qui n'est pas la plaine des Flandres propice aux sièges à grand spectacle, que quelques années auparavant Catinat réclamant des renforts pour défendre les nombreux cols menacés recevait l'ordre de Chamlay de la part du roy de faire détruire et boucher ces cols malencontreux par des corvées fournies par les autorités civiles (archives du ministère de la Guerre, 1165-67). La réponse de Catinat, en date du 12 août 1692, fut d'une savoureuse ironie. En outre, le pouvoir central, comme plus tard en Autriche le néfaste Conseil aulique, voulait tout diriger de Paris.

Berwick juge donc indispensable d'éclairer le roi et de lui adresser directement un mémoire complet concernant ce que l'expérience de Catinat et la sienne avaient jugé être la saine tactique alpine.

Ce manuscrit, qui porte le n° 4416 dans le catalogue de la Bibliothèque de l'Arsenal à Paris, se compose de 37 feuillets de 212 millimètres de haut sur 150 millimètres de large. Les cinq dernières pages contiennent des tableaux d'effectifs se rapportant aux diverses hypothèses étudiées dans le mémoire, à la fin duquel se trouve la signature autographe de Berwick.

La reliure en maroquin rouge avec bordure dentelles or est fort riche : les plats intérieurs sont blancs et or avec un signet de soie rouge : l'écriture en est soignée, chaque page comporte deux marges, le papier est très beau. L'orthographe est fort négligée et celle des noms propres, surtout, varie fort souvent, les majuscules abondent dans le corps même des phrases, les abréviations sont nombreuses, la ponctuation est rare et irrégulière, l'accentuation presque nulle.

L'administration de l'Arsenal ne connaît pas de publication de ce manuscrit, que le soin apporté à l'écriture, le luxe du papier et de la reliure et surtout la signature autographe de Berwick nous permettent de tenir comme l'original présenté au roi.

Il a dû entrer dans la bibliothèque du marquis de Paulmy, lorsque celui-ci entreprit ses travaux relatifs à la défense des Alpes et ce fut cette bibliothèque qui constitua le premier noyau de celle de l'Arsenal.

Nous avons trouvé dans cette bibliothèque nombre de manuscrits inédits fort intéressants pour l'histoire militaire et économique de notre région alpine.

Il n'est pas dans notre dessein de faire l'historique des diverses campagnes dirigées par Berwick dans nos Alpes et sur lesquelles ses mémoires authentiques, publiés par son petit-fils, donnent les plus intéressants détails, mais pour faciliter l'étude du manuscrit que nous publions ci-après, nous croyons indispensable d'entrer dans divers détails préliminaires.

La Tactique de Berwick

Quel était le pays à défendre, quelle tactique fallait-il employer ?

Le duc de Savoie avait été repoussé au delà des monts : La Savoie et le territoire de Barcelonnette étaient donc au pouvoir de la France jusqu'à la limite des eaux pendantes, comme on disait alors ; d'autre part le territoire français s'étendait au delà du mont Genèvre vers Pignerol et sur une partie de la vallée de la Doria de Suse.

La ligne de défense devait donc s'étendre de Nice, prise quelques années auparavant, jusqu'au Rhône vers le fort de l'Ecluse.

Berwick arrive en Dauphiné au mois de mars 1709 : la campagne ne peut commencer que trois mois plus tard ; ce n'est guère qu'au commencement de juillet que les troupes peuvent « *se manœuvrer* » dans les Alpes. Rapidement il prend les mesures les plus énergiques et les moins administratives pour pourvoir du nécessaire les faibles effectifs qu'on lui attribue parcimonieusement, puis sans tarder il entreprend de parcourir et d'inspecter en détail toute l'immense frontière de plus de 300 kilomètres, qui lui était confiée.

Cette étude consciencieuse et personnelle du terrain où on évoluera, sera sa préoccupation constante pendant toutes ses campagnes : Ces pays sont peu connus, leur cartographie est tout ce qu'il y a de plus rudimentaire, sinon nulle. Comme Catinat, il est convaincu qu'en campagne la montagne appartient à celui qui la connaît le mieux, et sait le mieux l'utiliser pour ses marches et contre-marches, autrement dit « *ses navettes* ». Il entreprend immédiatement de se rendre compte de tout par lui-même, viabilité des chemins, sentiers et cols, vues et commandements divers des hauteurs sur les vallées, longueur des trajets qu'il effectue la plupart du temps à pied au désespoir de son état-major qui « *est sur les boulets* », mais quant à lui, les guerres de trois ans dans les sierras d'Espagne l'ont habitué à la montagne : il apprend *de visu* les ressources des hameaux, l'état des ruisseaux et des torrents.

Il faudra être en force partout : la défensive sur un si grand front sera difficile car « *un ennemi concentré en force dans les plaines subalpines peut tout d'un coup se porter avec toutes ses forces du côté où il veut* ». (Mémoires, p. 312.) Or il n'a que 84 bataillons et 30 escadrons. Il faut donc une formation défensive permettant de se trouver à portée de parer à tout mouvement ennemi, en arrivant rapidement avec le gros de ses troupes sur les points attaqués et barrer le passage.

Son plan fut aussitôt conçu.

Il imagina une formation générale dont le centre avançait et dont la droite et la gauche formaient entre elles un angle aigu : cette disposition lui donnait l'avantage « *de toujours faire la corde et l'ennemi l'arc* ». (Mémoires, p. 312.)

Briançon fut le point fixe de ce centre autour duquel le gros des troupes devait être massé de façon à pouvoir facilement, par les vallées de la Guisanne, de la Valloirette, de l'Arc et de l'Isère à gauche et les cols des Ayes, de Vars et de la Caillole à droite, couler rapidement pour faire face à tout danger. Au milieu de chaque ligne soit à gauche soit à droite un camp retranché devait servir de « *magasin et de réservoir de troupes* ».

Sur la ligne de droite l'arrivée dans la vallée

de Barcelonnette était facile, permettant l'entrée en France par Seyne et la Durance : on consolida le fort camp retranché de Tournoux aux débouchés des chemins des divers col d'accès ; ce fut le camp de droite. Entre Montmélian et Barraux se trouverait celui de gauche.

Pour éviter qu'une trop grande étendue de son front ne facilite aux ennemis de percer les troupes peu nombreuses dont il disposait pour sa défense, Berwick recule sa ligne en arrière.

Partant de Nice, cette ligne avait comme fossé le Var d'abord, puis était solidement protégée par le massif de la haute Ubaye, dont Tournoux commandait les débouchés soit du côté de Larche soit du côté de Vars. Au nord des accès du col de Vars, le Guil et le ruisseau de Souliers (ruisseau de Saint-Martin dans le manuscrit) prolongeait ce fossé, au milieu duquel, surveillant les cols de Péas, de Bousson et ceux du haut Guil, s'élevait le camp secondaire du Rou, protégeant la liaison de Briançon et de Tournoux.

Rentrant dans la vallée de la haute Durance à Briançon par le col des Ayes, qui constituait encore alors le meilleur chemin, et le seul praticable aux voitures, pour se rendre de Briançon en Queyras, la défense atteignait le point central du système. Briançon venait d'être fortifié sérieusement et, suivant la formule moderne, par les soins de Vauban qui y avait établi comme défenses accessoires le fort des Trois-Têtes et celui des Salettes, commandant tous deux les débouchés du mont Genèvre et de la vallée venant de Névache. Pour veiller à toute incursion par la vallée de Cervières et en dominer le débouché, Berwick construisit un camp retranché important, vrai fort, au-dessus de l'ouvrage des Trois-Têtes, sur les rochers du Randouillet.

Puis quittant Briançon la ligne de gauche, suivant le fossé de la Guisanne, avait toute facilité de se porter rapidement par les cols de Barteau, de Granon, de Cristol, de Buffère ou de la Ponsonnière, par une courte marche contre les envahisseurs de la vallée de Névache et de s'opposer également par les cols de Bonnenuit (col de La Pare), de Névache (les Rochilles) ou l'Œil Noir (aiguille noire) aux incursions dans les vallées aboutissant à Valloire et dans celle du Valmeynier.

Aux sources de la Guisanne la ligne passait le Galibier, suivait la rive gauche de la Valloirette jusqu'à son embouchure dans l'Arc ; puis conservant la rive gauche de cette rivière et ensuite celle de l'Isère à partir de leur confluent et, protégée par ces trois rivières, elle atteignait Montmélian, s'abritait le long de la rive gauche de la Leysse d'abord, du lac du Bourget et de son déversoir ensuite et atteignait le Rhône à Chana ; puis elle s'appuyait au fort l'Ecluse de même que la ligne de droite s'appuyait à Nice.

Cette combinaison forçait l'ennemi descendant du mont Cenis à se rejeter dans la Tarentaise, l'éloignait de sa base de ravitaillement en Piémont, et l'exposait une fois les premières neiges tombées à voir ses communications de l'arrière coupées et à être écrasé par les troupes françaises.

Grâce à ce dispositif angulaire les « *navettes* » devenaient faciles et rapides, et à condition d'être rendues très mobiles, des troupes relativement peu nombreuses pouvaient suffire et faire face à tout danger.

Ce fut la tactique à laquelle pendant tout son commandement dans les Alpes, Berwick resta immuablement fidèle : il en tira un tel parti que, dès la campagne de 1709, il pouvait remettre à la disposition des autres armées, vingt bataillons d'infanterie sur les quatre-vingt-quatre dont il disposait.

Les troupes d'infanterie dont se composait son armée étaient groupées en bataillons de 12 compagnies, chaque compagnie comportant un capitaine, un lieutenant, un sous-lieutenant, deux sergents, trois caporaux, un tambour, cinq anspessades ou soldats de haute paie, et trente-neuf soldats. Le bataillon était commandé par le plus ancien capitaine, que son lieutenant remplaçait dans le commandement de sa compagnie. Dans les Alpes, cinq bataillons constituaient une brigade. Une épée et un fusil du calibre de dix-huit balles rondes à la livre et comportant une charge d'un trentième de livre par coup, composaient l'armement avec la baïonnette à douille d'invention récente. Dans un sac de cuir dénommé *le cartouche*, chaque homme portait huit tubes en fer blanc contenant chacun une charge de poudre et au baudrier qui soutenait ce cartouche étaient attachés une poire à poudre et un sac en peau renfermant quinze balles rondes.

La majeure partie de la cavalerie alpine était fournie par les dragons, arme spéciale considérée ni comme infanterie ni comme cavalerie, tirant des deux mais assimilée plutôt sous bien des rapports à la première de ces armes : par suite de la destination principale des troupes de dragons, le combat à pied, le cheval n'était guère considéré pour les dragons que comme un moyen de locomotion rapide. Ils avaient été créés dans les Alpes au temps du maréchal de Brissac et Montluc raconta leurs premiers exploits ; leurs compagnies comptaient chacune un capitaine, un lieutenant, un sous-lieutenant, un maréchal des logis, deux brigadiers, quarante dragons et pour affirmer leur différence d'avec la cavalerie, différence mal supportée par eux, on avait attribué aux compagnies de dragons un tambour et point de trompette. Quatre compagnies groupées en escadron recevaient un commandement semblable à celui des bataillons d'infanterie dont ils avaient du reste l'armement.

La cavalerie proprement dite dont disposait Berwick en plus des régiments de dragons était, par compagnie, à l'effectif de trente-sept cavaliers, un trompette, deux brigadiers, sous les ordres d'un capitaine, d'un lieutenant, d'un cornette, d'un maréchal des logis. Sauf le capitaine et le trompette, tous, même les officiers, portaient en plus de l'épée et du pistolet, un mousqueton du calibre du fusil d'infanterie avec quinze charges dans un cartouche fixé à la fonte droite et quinze balles. L'escadron comportait quatre compagnies. L'artillerie ordinaire, même les pièces de quatre, était inutilisable dans cette guerre : leur peu de mobilité confinait ces pièces dans les camps et les places ; tout au plus pouvait-on s'en servir dans les vallées de l'Isère et de la Leysse. Mais il est à remarquer que Berwick prescrit l'emploi de pièces spéciales, inférieures comme calibre aux pièces de quatre et portées à dos de mulets. Nos artilleurs de montagne ont des ancêtres illustres. Chaque bataillon devait en outre être muni d'un équipage muletier. Nous avons perfectionné mais nous n'avons rien innové.

Topographie et Toponymie

Pour éviter que de trop nombreuses notes n'alourdissent par trop le texte du mémoire, nous terminerons ces préliminaires par quelques précisions sur la topographie et la toponymie de cette ligne d'opération.

Nous avons scrupuleusement respecté dans la publication du texte de Berwick, l'orthographe souvent ultra-fantaisiste du manuscrit, mais malgré l'altération de leur orthographe actuelle certains noms propres sont facilement identifiables : Waars (col de Vars), Vilar-Gondran (Villard-Gondran), La Laisse (La Leysse), Neuvache (Névache), mont Senis (Mont-Cenis), val Minier (Valmeinier), Montriché (Montricher), Aytone (Ayton), Chabannes (La Chavanne).

Mais certains lieux et surtout certains cols ont eu leurs noms tellement transformés que nous croyons utile, pour faciliter l'intelligence du texte, de les indiquer vallée par vallée en faisant connaître leur situation, et surtout leur viabilité au temps de Berwick ce que des documents précis de l'époque, notamment les manuscrits de La Blottière qui prit part aux diverses campagnes de Berwick dans les Alpes, nous permettent de connaître d'une façon certaine.

1° Front droit : région de Barcelonnette

Col de Maurin (2.666 mètres, bon pour les chevaux) : ce col donne accès à l'ennemi par la route de Château-Dauphin, le col de Longet (2.672 mètres, mauvais pour les chevaux) et le lac de Prarouart. La combe de Maurin et celle du Castillet s'étendent, en passant par les Serennes, jusqu'à Saint-Paul-d'Ubaye au pied du débouché du chemin du col de Vars (2.115 mètres, bon pour le passage des canons) ; au sud de ce point l'invasion se heurte au camp de Tournoux, construit dès la fin du XVIIe siècle (actuellement fort de Tournoux), et situé au sud-ouest de la jonction de cette vallée avec celle venant par Meyronnes du col de Larche (1.995 mètres, praticable au canon). Le Chatelard est actuellement dénommé la Condamine-Chatelard.

La vallée de Maire (Maira) part de Coni au nord-ouest et par Dronero et Prazzo aboutit à Meyronnes au sud-ouest de Larche par le col de Sautron (2.600 mètres, bon pour les chevaux) : celle de la Stura partant également de Coni mais au sud-ouest passe par Demonte, Vinadio, Berzezio, l'Argentière et par le col de Larche aboutit à Meyronnes.

Le fort Saint-Vincent, construit dès le XVIIe siècle, se trouve en face du village d'Ubaye, sur la rive gauche et au-dessus de la rivière du même nom en aval de Barcelonnette, il commande le débouché de la vallée de l'Ubaye sur celle de la Durance. L'invasion en Provence de ce côté est défendue par Seyne, en arrière et au sud-ouest sur la route de Barcelonnette à Digne, et au sud par Colmars (aujourd'hui déclassée) au delà du col d'Allos sur la route de Barcelonnette à Castellanne.

Vallée des Serennes et Saint-Paul et partie sud de la ligne de droite

La position du ravin Feüillera et de Dupras (hameau des Prads) est derrière Saint-Paul à l'est du débouché des chemins du col de Vars ; les pentes du champ Gradel et de la Rissole (pas de la Reyssolle) sont au sud-ouest de ce débouché, au sud de Saint-Paul, à l'éperon du Bois-des-Traverses (dominées actuellement par les batteries de Vallon-Claus). Le château du Castillet se trouvait sur un mamelon au nord-est des Grandes-Serennes et en amont sur la rive gauche de l'Ubaye. Le col de la Cayolle (2.352 mètres) au sud de Barcelonnette et à l'est du col d'Allos donne accès sur les sources du Var. Le Brock est un petit bourg un peu en aval du confluent du Var et de l'Esteron.

Queyras. — Le col de Péas (2.600 mètres, bon pour les chevaux) entre le pic de Rochebrune et le sommet du Grand-Vallon, fait communiquer Le Queyras avec Césanne par le col de Bousson (2.160 mètres, praticable aux voitures) et la combe du Bourget à l'est de Cervières.

Le camp du Rou était établi sur le sommet des crêtes séparant la vallée d'Arvieux de celles de Soulier et du Haut-Guil, il défendait les débouchés de ces vallées, et ceux des cols de Péas et d'Issoire (Izouard), ainsi que la route sur Briançon par Bernissart (Brunissard), le col des Ayes (2.500 mètres, praticable au canon et la meilleure route de Briançon au Queyras), et le hameau de Soubeyran près de Villars-Saint-Pancrace.

Par les cols d'Estures (col de Chabaud) et celui de Servezet (col de Bousson, 2.160 mètres, praticable aux voitures) passe une autre route allant de Cervières à Bousson et Césanne, rejoignant au hameau du Bourget, celle venant du col Péas.

Le col de Furfande (2.400 mètres, rendu praticable aux chevaux par Berwick) est situé dans le massif séparant les vallées du Guil et de la Durance ; il met en communication Arvieux et Saint-Crépin par Prareboul, les Grangettes et le col du Lauzet.

La gorge des Scrins (d'Escrins), formée par le Rioubel, s'étend au sud-est de Guillestre et se termine par le vallon de Laugier. Le plateau de Rorety est au sud-est de la maison du Roi ; la croix de la Rousse était plantée au sud de Vars et au nord du collet de l'Alpe (col du Coulet) dominant le val d'Escrins.

2° Front gauche : région de Briançon

Deux vallées convergent à Briançon : au nord-est celle de Neuvache (Névache) arrosée par la Clarée ou rivière de Névache, allant de la Vachette (3 kilomètres de Briançon) au pied de l'Œil Noir (aiguille Noire) et au nord-ouest celle du Monétier arrosée par la Guisanne et s'étendant de Briançon au pied des rampes du Lautaret et du Galibier.

La première communique avec la région laissée en dehors de la ligne, au delà de laquelle elle se trouve elle-même, par les principaux cols suivants, pouvant donner passage à l'ennemi : col du Montgenèvre (1.864 mètres, donnant un très bon passage) aboutissant aux Alberts près de la Vachette, cols des Acles (2.213 mètres, bon pour les chevaux), de Desertes (2.567 mètres, mauvais même à pied) et de l'Echelle (1.790 mètres, bon pour les chevaux) débouchant tout près de Plampinet, ceux d'Estures ou de Thures (2.201 mètres, bon pour les chevaux) et du Vallon, tombant près de Névache et enfin celui de Muande, au nord de la vallée, dans la région est du mont Thabor.

Ces deux vallées de Névache et du Monétier communiquent entre elles par les cols de Barteaux (2.384 mètres, mauvais aux chevaux), de Grenou (du Granon) (2.404 mètres, bon pour les chevaux) et du Longet (2.250 mètres, praticable à pied seulement) aboutissant tous vers Val-des-Prés et partant respectivement de Chantemerle et de La Salle, ceux de Cristovoul ou Cristalot (Cristol, 2.485 mètres, bon à cheval) et de Buffère (2.431 mètres, bon à cheval) donnant accès du Monétier, du Freyssinet et de La Salle à Névache. On peut encore communiquer d'une de ces vallées dans l'autre par les cols du Chardonnet (2.629 mètres, praticable à pied seulement) et de la Ponsonnière (2.550 mètres, bon à cheval) ; ce dernier, le plus important de tout le massif, met la vallée de la Guisanne en relation avec les deux vallées convergeant vers Valloire, vallées de la Valloirette et de la Névachette, par les cols de Bonnenuit (col de La Pare), le col du Loup (col des Rochilles, 2.451 mètres, mauvais aux chevaux), de Névache (col de la Plagnette) et de l'Œil-Noir (col de l'Aiguille-Noire, 2.728 mètres, bon aux chevaux), tous à l'est du Galibier (1). En outre le col du Galibier (2.658 m., bon aux chevaux) constitue le passage principal entre la Savoie et le Dauphiné.

Les divers noms de hameaux de ce massif entre la Guisanne et la Clarée, cités dans le mémoire de Berwick, ont pour la plupart disparu sauf La Cou (hameau de Lacour, en amont et près de Névache), les granges ou chalets du Granon, près de ce col, Le Serre et La Draye, hameaux de la commune actuelle de Val-de-Prés et à peu de distance en amont du chef-lieu.

Région de la Valloirette, de l'Arc et de l'Isère. — Bonnenuit est un hameau au pied des descentes du Galibier, sur la rive droite de la Valloirette. Le château Saint-Pierre est encore indiqué par les ruines d'une tour en amont et près de Valloire. Le col de Valloire (1.550 mètres) est à 4 kilomètres au nord de Valloire, sur le

---

(1) Les cartes manuscrites de l'époque de Berwick qui existent au ministère de la Guerre, identifient d'une façon très claire la position de ces quatre cols de Bonnenuit, de Névache, du Loup et de l'Œil Noir ; deux de ces cartes furent dressées par de La Blottière, ingénieur de Berwick. Dans son ouvrage sur les voies anciennes du Pelvoux, P. Guillemin (Paris 1887), reproduit une des cartes de La Blottière et une de la même époque. La seconde carte de La Blottière a été reproduite par H. Duhamel, dans sa topographie du Haut Dauphiné (Grenoble G.D.), on ne s'explique pas par conséquent l'erreur qui lui fait attribuer dans le même ouvrage (Description des vallées des grandes Alpes par le marquis de Pezay, Grenoble 1894) au col des Rochilles tantôt le nom de col de Névache, tantôt celui de la Plagnette, qui est un col fort différent et assez distant de celui des Rochilles, et enfin celui de l'Œil Noir, autre col distant de plusieurs kilomètres. Ailleurs, du reste, il appelle le col de Névache, col du Vallon ; or ce col est de l'autre côté de la vallée de la Clarée qu'il fait communiquer avec le Piémont. Dans un autre ouvrage, le même auteur ne fait qu'un col des deux cols de la Plagnette et de l'Œil Noir. (Mémoire sur la frontière du Piémont.)

chemin allant à Saint-Michel : la Neuvachette descend, du versant nord de l'Aiguille-Noire, vers Valloire où elle se jette dans la Valloirette.

La Sourdière (les Sorderettes) entre Orelle et Saint-Michel, se trouve au-dessus du premier tunnel en amont de Saint-Michel et sur la rive gauche de l'Arc. Au pied du Grand-Crey, en arrière et au sud-est de la Sourdière se trouve le plan Bourcin. Le col de la Roue au nord-ouest de Bardonnèche fait communiquer la haute vallée de la Rho avec Modane par la combe du ruisseau de Charmaise.

Sainte-Hélène est un hameau sur la rive gauche de l'Isère entre Conflans et le confluent de l'Isère et de l'Arc.

Massif des Bauges. — Au nord de la Thuile, sur la rive droite de l'Isère, au nord de Montmélian, en remontant la gorge nord, on rencontre le col de la Sia (1.192 mètres) et le bois de la Linda (le bois du Lindar) puis, sur la droite : 1° vers l'est, le col Morbier (col de Laissaz, 1.349 mètres) conduisant vers Saint-Pierre-d'Albigny ; 2° le col de Sainte-Reine donnant accès au village du même nom ; 3° dans la combe étroite qui se dirige au nord-est et qui commence au coude du ruisseau des Aillons, se trouve la Chartreuse-d'Aillon et, au fond de la combe le col de la Folie (col de Fully, 1.413 mètres) au-dessus de la vallée d'Ecole. En se dirigeant sur la gauche à partir du confluent du ruisseau descendant de cette combe et du ruisseau des Aillons, on trouve le hameau de Guilbert (Crivilbert) au sud et près d'Aillon-le-Vieux, sur le ruisseau des Aillons, qui, plus bas, en face du hameau de Ballaz, laisse à sa gauche la combe de Lavanches. Le vilage de Molardier (Montlardier) domine le confluent du ruisseau des Aillons et du Chéran en face du Chatelard.

Les indications du temps nécessaire pour effectuer certaines marches, que nous trouvons dans les notes de l'état-major de Berwick, donnent une idée de la mobilité et de l'endurance de ses troupes.

De Tournoux au Brock, sur le Var, 5 jours par le col de la Cayolle ; de Barcelonnette à Colmars par le col d'Allos, 8 heures ; de Maurin à Château-Queyras par le col Fromage, 5 heures ; de Tournoux à Guillestre par le col de Vars ou à Embrun par le col du Parpaillon, 6 heures ; de l'Arche à Chiapera, dans la vallée de la Mayra, par le col de Sautron, 4 heures ; de Modane à Bardonnèche par le col de la Roue, 6 heures ; du Melezet à Briançon par le col de l'Echelle, 5 heures ; de Desertes à Planpinet, 4 heures ; de Château-Queyras ou d'Aiguilles à Cervières par le col de Péas, 5 heures ; d'Arvieux à Briançon par le col d'Izouard ou par le col des Ayes, 5 heures ; de Cervières à Bousson par le col du Bourget, 5 heures ; de Névache à Valloire, soit par le col de Névache et la vallée de la Valloirette soit par le col de l'Œil-Noir et celle de la Névachette, 5 heures ; même durée de trajet de Valloire au Lauzet sur la Guisanne, par le col de la Ponsonnière ; du Lauzet à Névache par le Chardonnet ou du Monétier à Névache, soit par le col de Buffere ou celui de Cristol, 4 heures ; de La Salle à Plampinet par le col de Longet ou à Val-des-Prés par le col de Granon, ainsi que de Saint-Chaffrey à Val-des-Prés par le col de Bartaux, 3 heures et demie.

Nous soumettons ces chiffres aux réflexions de nos alpins.

Bien des choses ont changé depuis le temps où Berwick écrivait.

Le traité d'Utrecht a modifié la frontière mais sans nécessiter des changements au plan de

Berwick ; la partie cédée se trouvant au delà de la ligne de ce plan. Celui de Turin, en 1860, rendant la Savoie et le Comté de Nice à la France a supprimé l'inflexion primitive sur le fort de l'Ecluse de la ligne depuis Valloire et lui a donné à sa gauche le solide appui du massif du Mont Blanc. L'augmentation de la portée de notre artillerie permit de faire coopérer nos pièces lourdes à la défense des principaux passages.

Mais l'idée directrice du plan de Berwick n'a pas cessé de guider tous ceux qui ont eu à s'occuper des Alpes soit pour y combattre, soit pour y préparer la défense. La création des chasseurs alpins avec leur artillerie de montagne a réalisé le type des troupes d'une mobilité extrême, connaissant les moindres détails de nos montagnes et entraînées aux dures fatigues qu'elles comportent, ce que Berwick déclarait indispensable à cette sorte de guerre.

Le camp retranché de Tournoux céda la place à l'important groupe fortifié de la région de Barcelonnette, défendant la vallée de la Haute Ubaye et le col de Vars. Aussitôt après les campagnes de la fin du règne de Louis XIV, on entreprit de sérieux travaux de fortification autour de la place de Briançon dont les murs archaïques des XIVe et XVIe siècles venaient d'être remplacés par des remparts modernes construits sous les ordres de Vauban. Le XVIIIe siècle vit construire les forts des Têtes, du Dauphin, d'Anjou et celui du Randouillet qui remplaça le camp retranché préconisé par Berwick. Des retranchements en pierres sèches furent construits sur les sommets et les replas de l'Infernet dès le début des guerres de la Révolution (1791-92).

La fin du XIXe siècle augmenta ce système défensif et se construisirent alors les forts du Gondran (1877), de la Croix de Bretagne (1878), leurs batteries annexes et celles de la Croix de Toulouse (1880) commandant les accès des vallées de la Clarée, de la Cerverette et de la Haute Durance. En 1881, on commença les fortifications de Lanlon et du fort de l'Olive, remplaçant les retranchements sommaires que fit élever Berwick sur la croupe des montagnes séparant les vallées de la Guisanne et de la Clarée.

Les travaux du fort du Télégraphe et du groupe fortifié de Modane vinrent appuyer solidement l'extrémité gauche de la ligne. Enfin à Briançon les sommets du Janus commandant le col du Montgenèvre et dominant l'ensemble furent solidement fortifiés.

Quand on compare ce qui a été fait avec le texte du *Mémoire*, on est frappé de la concordance de ces travaux et des idées qui y sont émises.

La publication de ce Mémoire au Roy ne peut donc que servir utilement ceux qui s'intéressent à la protection de notre frontière du Sud-Est.

P. Thomé de Maisonneufve.

Mémoire instructif
sur la guerre
de Provence, Daufiné et Savoye

présenté au Roy le 23 Novembre 1712

SIRE,

J'ay crû ne pouvoir rendre un service plus utile à Votre Majesté, qu'en Lui faisant un détail de la manière dont on peut conserver la frontière qu'il vous a plu de me confier ; d'autant que l'Experiance que nous avons fait pendant plusieurs campagnes par raport à la deffense du Pays depuis Briançon jusqu'au Rhosne, nous a fait voir que je ne m'estois point trompé. Je commanceray donc par en faire un sistème general, et puis je particulariseray tous les differens cas qui peuvent arriver, et les différentes positions qu'il faut prendre.

Pour deffendre l'Etendüe de cette frontière, je me suis formé l'Idée d'une ligne dont la Droite est à Antibes, le centre à Briançon et la gauche au Haut-Rhosne près de l'Escluse ; d'Antibes, la ligne remonte le long du Var qu'elle laisse à droite, de là vient en Barcelonnette au camp de Tournoux, de là par le col de Waars à Briançon, passant par Guillestre et Saint-Crespin, le long de la Durance ou par la vallée de Queyras et le col des Ayes. De Briançon, la ligne suit le Monestier, tombe par le Galibier à Valoire, de là à Vilar-Gondran, couverte par la Valoirette et l'Arc, puis laissant l'Arc à sa droite, Elle suit cette rivière jusqu'à son ambouchure dans l'Isère d'où l'on gagne Montmeillan ; de là on longe la plaine entre Montmeillan et Chambérry, laissant les montagnes des Bauges à sa droite, puis l'on gagne par derrière la Laisse le lac de Bourget qu'on laisse à sa droite pour tomber à Chana, d'où laissant aussy le Rhosne à droite, l'on gagne Seissel et le Fort de l'Ecluze, ou bien depuis l'Embouchure de l'Arc dans l'Isère, on gagne la Chabanne, Poncharra, le camp de Barraux, celui des Echelles et puis à Pierre-Chastel, d'où l'on continue par Seissel au fort de l'Escluse.

Comme Briançon est le Centre de la ligne, il faut placer le gros des Troupes à portée de cette place, d'où selon les différens mouvemens des Ennemis on est en état de renforcer la droite, ou la gauche. Il faut aussy avoir quelques troupes en Queyras, afin de faire face de partout à l'Ennemy et pouvoir y occuper les postes reconnus avant que l'Ennemy y puisse entrer.

La Provence étant la droite, il faut mettre quelques troupes à portée du Var, pour y avoir une Teste capable d'arrester l'Ennemy et donner le Tems au reste d'y arriver. Il faut aussy mettre au camp de Tournoux un corps de Troupes, lequel y sera à portée d'arriver en six jours sur le Bas Var ou en deux à Briançon.

La Savoye Etant la gauche, il faut mettre à Saint-Jean-de-Maurienne un corps de Troupes, lequel aura force partis et postes en avant dans la Haute-Maurienne pour être instruit des nouvelles et observer tout ce qui pourroit dessendre du Mont-Senis.

Quant à la Tarentaise, comme elle est hors de la ligne, les troupes qu'on y mettra, ne sont que pour aider à avoir des nouvelles de ce qui se passe au delà des monts ; dès qu'il y entrera un

Ennemy supérieur, elles doivent toujours estre en Etat de se replier le long de l'Isère à Conflans, pour ensuite se rejetter derrière le Rhosne et en deffendre le passage. Il convient d'y mettre toute la Cavalerie et Dragons, à cause de l'abondance des fourrages.

Voilà la première disposition qu'on doit faire des Troupes lorsque l'ouverture de la campagne aproche et que l'Ennemy commance à se rassembler dans la plaine du Piémont. Venons présentement au détail des differens mouvemens à faire et postes à occuper.

Si les Ennemis viennent a camper a Oulx ou a Sezanne :

Il faut avoir attention à la vallée de Queyras, à Briançon et à la vallée de Monnestier. Pour cela, il faut camper le gros de l'armée derrière Briançon dont une Brigade, on suppose une Brigade composée de *cinq Bataillons*, au-dessous du Randouillet, pour la garde de ce fort et du chemin qui vient de Cervières et une autre aux maisons longes, dont les grenadiers seront campés à la Cou, pour garder la Teste de la vallée de Neuvache et soutenir les partis que l'on aura sur le chemin des Acles, sur les cols de l'Echelle, d'Estures et du Vallon. Cette Brigade aura ordre de se retirer sur le col de Buffer sy l'Ennemy l'attaquoit avec des Forces supérieures. Il sera bon aussy d'avoir quelques Bataillons au Freissinet, pour la garde des cols de Grenou, Longet, Cristolet, Buffer et Chardonnet. Il faut aussy camper deux Brigades à la hauteur du Rou en Queyras, la Droitte au dessus du château de Queyras, la gauche aux grandes montagnes, le ruisseau de Saint-Martin devant soi, faisant face au village de Soulier. Deux de ces battaillons seront campez près de Bernissart pour la garde du col d'Issoire, au moyen de quoy l'Ennemy ne peut venir en Queyras que par le col de Péasse et par conséquent par le front du camp de Rou. La communication de Queyras avec Briançon doit estre par le col des Ayes ; de Bernissart à Vilars Saint-Pancrace, il n'y a que pour quatre heures de chemin à des Troupes.

SI LES ENNEMIS POUSSENT DES TROUPES PAR LEUR GAUCHE VERS LE COL DES STURES OU PAR LE COL DE SERVEZET AU FOND DE CERVIÈRES :

Il faut renforcer le corps de Queyras de huit ou dix bataillons.

SI LES ENNEMIS ENTRENT EN QUEYRAS :

Il faut alors que le gros de l'armée y passe aussy par le col des Ayes et se camper sur la hauteur du Rou ; En ce cas douze battaillons seront sufisans pour rester à la garde du camp retranché de Briançon et des autres postes voisins.

SI LES ENNEMIS, MARCHANS PAR LEUR GAUCHE, VEULENT TOMBER PAR LE COL DE FROMAGE SUR GUILLESTRE :

Il faut de Queyras, faire couler des troupes par le chemin qui va le long du Guil, ou par le col de Furfande, on en peut aussy faire filer de Briançon par le long de la Durance. L'on se postera sur les hauteurs qui regardent la gorge de Seillac, la droite à la montagne qui verse dans la gorge de Skrins, la gauche aux plateaux qui sont près du ruisseau de Seillac et le Ravin de Rorėty devant soy, laissant Guillestre derrière soy ; il faut aussy en même tems occuper le château de Vaars par une Brigade d'infanterie : ce poste est la droite au château et la gauche à un grand rocher au haut de la montagne qui verse dans la gorge de Skrins, occupant par un poste la croix de la Rousse au dessus du col de l'Alpe ou de Fortune.

Il faut aussy mettre un poste entre le château de Vaars et la rivière derrière un ravin où l'on fait un retranchement.

Si les Ennemis coulant encore par leur gauche veullent gagner la vallée de Barcelonnette :

Estant dans la Position que je viens de marquer, l'on est toujours à tems de donner la main aux Troupes qu'on aura mis au camp de Tournoux, par la raison que les chemins par où les Ennemis auroient à passer sont très dificiles et font un circuit, au lieu que nous maistres du col de Vaars, nous communiquons avec seureté et toujours par les hauteurs avec le susdit Camp. De plus l'Ennemy en venant par le col de Maurin et tombant dans la gorge de Castelet (suposez qu'on arriva pas à temps pour les arrester aux Serennes), ne peut se maintenir longtemps à St-Paul, à cause de la dificulté de ses vivres ; De sorte qu'il faut ou qu'il force par là le camp de Tournoux ou qu'il repasse de l'autre costé de la rivière. L'attaque du camp sera dificile, à cause que les troupes campées au château de Vaars, peuvent venir par les hauteurs les inquietter et mesme combatre pendant l'attaque sy de St-Paul ou Castelet l'Ennemy passe par la chaisne de montagnes dans la plaine de l'Arche : cela ne change en rien à la position du camp de Tournoux puisqu'il est toujours également avantageux, soit que les Ennemis viennent par St-Paul, ou par l'Arche et quand mesme un Ennemy viendroit par Josiers et Chastelar, le poste de Tournoux me parroit toujours inattaquable au moyen d'une quinzaine de Bataillons surtout aïant sa communication assurée avec le gros de l'armée.

Si l'Ennemy entre en Barcelonnette par les vallées de Stures ou de Mayre :

Il faut faire ce que je viens de marquer dans l'article précédent. J'ajouteray que lorsqu'on aprendra que les Ennemis assemble des Troupes devers Demont, il faut mettre à Guillestre un corps proportionné, lequel observant les mouvemens des Ennemis se trouvera à portée d'arriver au col de Vaars en moins de six heures, de passer en Queyras par la gorge le long du Guil ou de revenir en une marche à Briançon. Il ne faut pas craindre que de Barcelonnette les Ennemis puissent percer en France par leur gauche, ils ne peuvent songer qu'à faire quelques courses.

Pour y remédier ou du moins empescher qu'ils ne s'etendent loin, il faudra, en ce cas, mettre quelques Troupes à Seyne, à Colmar et au fort St-Vincent.

Tant qu'on se maintiendra à Tournoux, les Ennemis ne peuvent s'avancer plus avant que dans la vallée de Barcelonnette, par la raison qu'ils perdraient leur communication avec le païs. *Il est à remarquer* qu'il n'y a de chemin bien praticable pour les voitures qu'en passant par Meyronne et au pied du camp de Tournoux.

Il y a encore une autre position à prendre quand on voit l'Ennemy préparé à se determiner à la vallée de Barcelonnette, à scavoir de camper quinze Bataillons sur deux lignes aux Serennes, la gauche au ravin Feüllera, la droite au hameau apelé Dupras devers St-Paul. Il faut camper six Battaillons au dessus de St-Paul et au hameau près du champ Grandel, le cul au village de Melusin au ravin devant soy, et mettre en mesme tems deux Battaillons sur la hauteur dans les bois qui sont entre la redoute de la Rissole et le Melusin vis à vis St-Paul. Il faut faire des chemins de communication à tous ces camps. Celuy de la gauche est le plus dificile mais on peut du Pratz aller à la Maisonete, de la en montant la coste gagner le Prat de la Folie, d'où l'on dessend à la gauche du camp. Il faut occuper le chateau de Castilet par un petit détachement. Prenant cette Position, il sufira de mettre sept ou huit Battaillons dans le camp de Tournoux jusqu'à ce que l'Ennemy passe du costé de Chastelar ou de Josiers auquel cas partie des Troupes de la gauche filleront au susdit camp de Tournoux.

Si les Ennemis font marcher leur armée ou quelque gros corps devers le comté de Nice :

Il faut de Barcelonnette faire filer vers le Var un nombre de troupes proportionné à celui des ennemis ; elles peuvent estre du camp de Tournoux à Brok en 5 jours de marche, passant par le col de la Caillole, par la vallée d'Antraunes à Guillaume par Antrevaux. Le point essenciel est d'estre bien averty affin que les Troupes ne s'avancent sur le Var qu'à mesure que l'on apprendra par Nice que les Ennemis avancent dans le comté. Par ce moyen, comme nous avons bien moins de chemin à faire que les Ennemis, Ils ne pourront jamais par des marches en avant ni par des contre marches, nous gagner de la main, soit sur le Var, soit en arrière dans la valée de Barcelonnette, en Queyras, ou à Briançon, d'autant que lorsque les Ennemis se seront mis en marche vers le comté de Nice, Il faudra que notre armée s'alonge depuis Briançon jusqu'à portée du Var et ainsi elle sera toujours en état de se porter en avant ou de rétrograder selon les mouvemens des Ennemis.

Il est certain que quand mesme les Ennemis marcheroient sur le Var avec cinquante Battaillons, trente seroient plus que sufisans pour deffendre le passage. Il sera aussy necessaire d'y avoir deux ou trois regimens de dragons pour empecher les dessentes par la droite le long de la mer : Mais suposez que pour n'estre pas averty ou par negligence, les Ennemis arrivent sur le Var plutot que l'armée de Votre Majesté, comme il leur faut toujours quelques jours de ceremonie pour forcer le passage de cette rivière et pour y faire des ponts, on aura le tems de gagner l'Argens, Rivière d'autant plus facile à deffendre que les Ennemis n'osans (à cause de leurs vivres) s'éloigner de la mer, ils ne peuvent la remonter fort haut, or le Bas en est très difficile par rapport à ses Bords.

Voilà les différentes positions à prendre par notre droite depuis Briançon jusqu'à Antibes. Venons presentement à celles de notre gauche.

Si les Ennemis viennent camper dans la vallée de Bardonnache. (1)

Il faut estendre le gros de l'armée dans la vallée du Monnestier, camper deux Brigades au Puis de Fressinet pour la garde des cols de Chardonnet et de Buffer, Cristalot, Longet, et de Grenou, mettant aux maisons-longes les grenadiers de la susdite brigade. Il faut pousser à Valoire et à Saint-Martin-d'Arc deux Brigades et

(1) Bardonnèche.

en mettre pareillement deux dans la vallée de Queyras pour la garde du col d'Ysoire et de la hauteur du Rou. Ces derniers auront un poste au Lot, afin de pousser des partis vers les cols de Goudran et de Bousson.

Si les Ennemis marchant par leur droite passent le col de la Roüe.

Il faut que les troupes du Monnestier fassent, par le Galibier ou par le Col de la Ponsonnière la même manœuvre que les Ennemis feront par le col de la Roüe et qu'elles campent à Valoire, en attendant qu'elles voyent l'Ennemy se determiner, mettant une Brigade sur la hauteur de Saint-Martin-d'Arc et 12 ou 15 compagnies de grenadiers à la Sourdière tant pour barrer aux Ennemis le chemin le long de l'Arc, que pour soutenir les partis qu'il faudra avoir sur Modane, Saint-André et Notre Dame du Charmet.

Le col de la Ponsonnière est le chemin le plus court pour aler du Monnestier au col du Loup et même pour aler à Valoire. L'on peut par le moyen de ces deux cols monter sur deux colonnes du Monnestier en Maurienne.

Si les Ennemis viennent camper dans le Val des Prés.

Il faut en ce cas mettre Trois Brigades au Puy de Fressinet pour la garde des cols de Buffer, Cristolet, Longet et Grenou : deux Brigades par dela le col de la Ponsonnière, à la croix du col de Névache sur le chemin qui vient de Bonnenuit et au débouché qui sort de la Vallée de Neuvache, afin que les Ennemis ne puissent par leur droite y passer et nous barrer le passage du Galibier et de la Ponsonnière. Il faut une Brigade campée au dessus du village de Valoire faisant face au vilage, la droite à la montagne et la gauche au fort ruiné de Saint-Pierre. Les troupes de la Maurienne viendront aussi se camper auprès du Vilars, pour estre à portée de renforcer le camp de Valoire s'il en est besoin : Le reste de l'armée se campera derriere le camp retranché de Briançon à l'exception d'une Brigade qu'il faudra toujours laisser au col d'Isoire.

Pour garder le col de Grenou, il faut dessendre du costé de Val des Prés au plateau de la case de la Thuta au-dessous des granges de Grenou ; 800 hommes le garderont contre toute une armée. Il faudra aussi mettre 150 hommes à un plateau à la gauche apelé le clos du Mirail qui flanque le poste ci-dessus et qui mesme le domine de manière qu'on ne pourrait le garder sy les ennemis en étoient les maistres. Il faut aussy mettre, à la droite, cinquante hommes à un plateau au dessous d'une hauteur nommée la Teste de la Racye à la jonction de deux petits chemins qui vont des villages de Serre et de la Draye aux granges de Grenou.

Pour la garde du col de Cristol, il faut cent hommes au haut du col.

Pour garder le col du Longet, il faut deux cens hommes au haut du col.

Pour garder le col de Buffer, il faut trois Battaillons aux Maisons Longes.

Pour garder le col du Chardonnet, il faut trois Battaillons aux maisons de Somme-Longe, mais il n'est pas besoin de les y envoyer que les Ennemis ne soient campés à Neuvache par la raison qu'ils ne sauroient y aler qu'en remontant la valée et passant quasy sous la portée du fusil du poste des Maisons Longes.

Quant au poste près la croix de Neuvache, il est aisé à deffendre avec trois battaillons contre toute une armée, à sçavoir en gardant les deux debouchés à la droite et à la gauche de l'Œil Noir mettant les étangs derrière soy.

SI LES ENNEMIS REMARCHANT PAR LEUR DROITE, REMONTENT LA VALLÉE DE NEUVACHE ET PASSENT LE COL DE NEUVACHE.

Il faut incontinent faire marcher les Deux Brigades campées au Lozet, pour y joindre par le Galibier ou par la Ponsonnière, les Deux Brigades qui sont campées à la Croix du col de Névache. Il faut que les Troupes du Monnestier marchent aussy en même tems pour occuper le camp au dessus de Valoire, laissant une Brigade au Lozet pour la garde du Col du Chardonnet. Des trois Brigades campées au Puy de Fressinet, il en dessendra deux qui viendront au Lozet affin d'estre à portée de passer le Galibier, s'il en est besoin. Les Troupes campées derriere le camp retranché, et au col d'Isoire y resteront, celles de Maurienne resteront au Villar. L'on pourra m'objecter que les mouvements cy-dessus marqués devant estre faits bien juste, il sera dificile d'en venir à bout à cause que les Ennemis pourrons nous derober quelque marche ainsy qu'il arrive ailleurs. A cela je répons que comme par ma position, j'occupe les cols et hauteurs qui versent dans le val des Prés et la Vallée de Neuvache, les ennemis ne scauroient faire le moindre mouvement que je n'en sois averty deux heures après.

SI LES ENNEMIS, DU COL DE NEUVACHE DESSENDENT PAR LE LONG DE LA NEUVACHETTE.

Il suffira de laisser deux Brigades à la Croix du Col de Neuvache, le reste des Troupes se campera sur la hauteur de Valoire, ainsy que je l'ay déjà marqué, mettant une Brigade pour garder le terrain qui est entre le village du Point du Jour et le Pont de la Valoirette sur le chemin de Bonnenuit au dessous de la hauteur de Saint-Pierre. Les Troupes de la Maurienne resteront à Le Villar pour garder le passage de la Valoirette depuis le Point du Jour jusqu'à Albanette, aïant toujours des partis sur la hauteur qui est entre la Valoirette et l'Arc, pour observer les mouvemens des Ennemis. Il faut aussy avoir toujours la même attention pour les cols de la Vallée du Monnestier et même par le col d'Isoire.

Si les Ennemis du Col de Neuvache dessendent par le long du Val-Minier

Il faut que les troupes venant du Monestier prennent la même position marquée dans l'article précédent, à l'exception qu'une brigade montera au Col de Valoire, s'il n'est pas occupé par les ennemis affin d'observer leurs mouvemens ; s'il est occupé cette Brigade ira se poster entre le point du jour et Albannette, d'où les troupes de la Maurienne dessendront au camp de Vilar-Gondran

Si les Ennemis après avoir dessendus le Val-Minier passent l'Arc.

Il faut incontinent renforcer le camp de Vilar-Gondran de quelques Brigades de Valoire. Le poste de Vilar-Gondran doit estre à la droite à la grande montagne et la gauche tirant vers l'Arc, traversant la plaine en écharpe et suivant toujours le rideau qui y règne pararel à la Rivière. Il faut mettre une Brigade d'Infanterie et du canon sur un plateau qui est, par dela la droite, sur le bord de la rivière au débouché du chemin qui dessend de Montriché. Ce plateau domine et voit en écharpe la plaine qui est de l'autre côté de l'Arc, vis à vis du camp : Il est à remarquer que depuis vis à vis le Vilar jusqu'à Vilar-Gondran, les ennemis ne seauroient passer, ni la Valoirette, ni l'Arc a cause des bords qui sont partout très hauts et escarpés. La beauté de la position des deux camps de Valoire et de Vilar-Gondran consiste en ce que les ennemis ne peuvent jamais donner jalousie pour les deux camps à la fois, par la raison, que des hauteurs à l'embouchure de la Valoirette dans l'Arc, l'on voit tous les mouvements des ennemis et cela à compter homme par homme, outre que les ennemis faisant l'arc, et nous la corde les troupes de Vilar-Gondran auront toujours le temps de monter au secours de Valoire, comme ceux de Valoire de dessendre à Vilar-Gondran. De plus le passage de l'Arc, qui separe nos deux camps, par raport au chemin qu'il faut que les ennemis fassent de l'un à l'autre, est une dificulté et retardement très grand pour eux, d'autant que nos grenadiers et détachemens doivent dessendre à Saint-Martin d'Arc, dès que les ennemis ont passé l'Arc. J'ajouteray, que je doute que jamais les ennemis ozassent camper à Saint Martin d'Arc avec leur armée, par la raison que du col de Valoire on dessend sur eux de hauteur en hauteurs, et qu'il seroit très facile, mesme avec des forces inférieures en nombre de les y écraser. Pour nous empescher d'aler à eux, il faudroit qu'ils occupassent le col de Valoire, ce qu'ils ne peuvent qu'avec toute leur armée, parce que des hauteurs contigües aux cols on dessend sur les troupes qui y seroient.

Si les Ennemis dessendoient en Maurienne par le Montcenis ou par le col de la Roüe.

Il faut incontinent occuper les deux camps de Valoire et de Vilar-Gondran de la manière que je viens de le marquer dans l'article précédent. Il faut de plus faire camper à Saint Martin d'Arc une brigade d'infanterie et mettre à la Sourdière 15 ou 20 compagnies de grenadiers. Il faut rester dans cette position jusqu'à ce qu'on voye les ennemis se determiner du costé de l'Arc par où ils veulent marcher. S'ils viennent en laissant l'Arc à leur droite, nos partis, et grenadiers leur disputeront les hauteurs du Plan Boursin et puis se replieront par le col de Valoire au camp de Valoire, mais je doute que jamais les ennemis puissent marcher par là, le païs et les chemins étant quasy impraticables pour une armée. Quoiqu'il en soit, il a été bon de prévoir le cas. Sy les ennemis viennent en laissant l'Arc à leur gauche, dès qu'on les verra à hauteur de la Sourdière, il faut renforcer de quelques troupes le Camp de Vilard-Gondran, et faire dessendre quelques Brigades à Saint Martin d'Arc pour empescher les Ennemis de passer la rivière depuis la Sourdière, jusqu'à l'embouchure de la Valoirette. Pour cet effet, il faudra mettre sa droite auprès de la grande montagne de l'autre costé du ruisseau de Valminier et sa gauche à la Valoirette, occupant les plateaux et rideaux, au moyen de quoy, il me parroit impossible aux Ennemis de faire des ponts sur l'Arc dans le voisinage de Saint-Michel, encore moins d'y passer quand mesme ils auraient fait des ponts : Mais comme il est bon de prevoir tout, supposons le cas que les ennemis forçassent le passage de l'Arc, il faudra alors prendre l'emplacement du camp de Valoire, ainsy que je l'ay marqué ci-devant, disputant à toutes fois aux ennemis la montée du col de Valoire le plus long tems qu'il sera possible, ce qui leur prendra d'autant plus de tems qu'ils ne pourront jamais en chasser nos gens qu'en les tournans par le Val-Minier. Je dois ajoûter icy que le poste de

Valoire, doit estre regardé comme le point le plus essenciel de cette guerre, car c'est ce qui assure la communication en droite ligne du Haut Daufiné avec la Savoye, au lieu que les ennemis dans les marches ou contre-marches qu'ils veulent faire vers ces deux provinces, sont obligés de faire de grands tours et par conséquent ne peuvent jamais nous donner des torquetes.

Si les Ennemis coulent par leur droite pour gagner la Chambre et Aiguebelle.

Il faut les cottoyer avec l'armée, laissant l'Arc à sa droite. La marche des ennemis sera difficile, le païs etant fort rude, les chemins mauvais et étroits, au lieu que la nostre sera très commode par le chemin qu'on a fait. Il faut aussi avoir grande attention en costoyant les Ennemis, de garder les hauteurs à droite et à gauche des endroits par ou les ennemis pourroient passer l'Arc, car il est certain qu'en ne se dépostant pas, quand même les ennemis auroient fait des ponts sur l'Arc, ils n'oseroient y passer, car ils se trouveroient dans un bassin où ils auroient de la peine à se former, encore moins y demeurer à cause du feu croisant qui sortiroit de toutes les hauteurs sur eux, outre qu'on seroit les maitres de les attaquer avec avantage de tous costés. Sy pourtant les ennemis trouvoient moyen de forcer le passage de l'Arc, de nous chasser des hauteurs voisines, et par conséquent de séparer nos troupes, il faudra que celles qui seront au dessus de l'endroit par où ils auront percé se replient sur la hauteur de Montriché, poste excellent et quasi impossible à forcer, et par là empescher que les ennemis ne puissent aler à Valoire, ny par conséquent se rendre maîtres du Galibier. Les Troupes qui seront au-dessous de l'endroit par où les ennemis auront percé se replieront à Montmeillan, mettant devant elles l'Isère dont elles deffendront le passage, observants et cotoyans les Ennemis. Sy les Ennemis dessendent l'Isère vers Barraux ou Grenoble, nos troupes en feront de mesme. Sy les ennemis remontent devers Conflans pour y passer plus commodément l'Isère à des gués, il faudra en faire de même de son coté. Sy malgré cela ils passent, il faudra se mettre au poste de Montmeillan dont je parlerai ci-après. Il faut observer que les Ennemis étans sur l'Isère, les troupes restées à Montriché en doivent dessendre pour s'aprocher des ennemis afin de les harceler et de les empescher de se séparer pour attaquer les troupes qui deffendent l'Isère. De plus, tant que nos troupes gardent la Haute Maurienne les ennemis ne peuvent tirer leus vivres que par la Tarentaise, et pour cela il faut qu'ils se séparent et se mettent en état d'estre attaqués par nous avec avantage ; de manière qu'il n'y a pas lieu de croire que les Ennemis ozent jamais s'enfourner dans la Basse Maurienne tant que l'on se maintiendra en force dans la Haute.

Si les Ennemis veulent faire des ponts sur l'Arc près d'Aytone entre Aiguebelle et la Croix d'Aiguebelle.

Ils n'y peuvent venir qu'en coulant par la Maurienne, le long de l'Arc, ou par la Tarentaise, le long de l'Isère, jusqu'à Conflans, d'où passant cette rivière, ils peuvent venir par Sainte-Hélène tomber sur Aytone. Je trouve la chose très difficile à cause de l'éloignement de leurs substances, car, ne pouvant jamais avoir leur pain que par la Tarentaise, ils sont obligés de laisser à Conflans un très gros corps, sans quoy lorsqu'ils seroient a Aytone, nous leur couperions toute communication avec Moustiers, y portant des troupes toujours à couvert de l'Isère. Mais supposons le cas que les Ennemis viennent camper auprès d'Aytone, comme ils peuvent tenter le passage de l'Arc entre Aytone et l'Isère, aussy bien qu'au dessus d'Aytone, il faut camper le gros de l'armée, la droite à la Croix d'Aiguebelle, la gauche tirant vers l'Isère, l'Arc devant soy. Sy les ennemis veulent faire des ponts vis à vis du front du camp, l'on peut aisément les en empescher, y aïant, sur les bords des retranchemens, des bois qui nous sont favorables et quand même ils en auroient fait, ils n'oseront y passer devant l'armée qui y seroit en bataille prest à les charger. Sy les ennemis veulent faire des ponts près d'Aytone, il faut simplement en retarder la construction par les détachements qui tiraillent au bord de l'Arc. Quant les ponts seront faits, je soutiens que les ennemis n'oseroient y passer ; car, mettant un corps de troupes, la droite à la montagne et la gauche à la Croix d'Ayguebelle au bord de l'Arc, farcissant d'infanterie les hauteurs qui sont couvertes de bois paralelles à la Rivière et qui regnent jusqu'à Ayguebelle et mettant une Brigade d'infanterie pour boucher le passage qui est entre les susdites hauteurs et l'Arc, sur le chemin aprochant d'Ayguebelle, les ennemis se trouveroient dans un puy d'ou ils ne pourroient sortir, et on les écraseroit à coups de canon et de fusil. Par la disposition cy-dessus marquée, l'on barre entièrement aux ennemis le passage de l'Arc, et par conséquent, s'ils veulent tacher de percer, on les rejette dans la Tarentaise. Il faut donc examiner les différens partis qu'ils peuvent prendre lorsqu'ils sont arrivés à Conflans.

Si les Ennemis viennent a Conflans.

Il faut occuper le camp retranché de Montmeillan, la droite à la ville et la gauche aux plateaux retranchés, observant lorsque les ennemis viendront pour nous attaquer, de mettre en haut au pied du grand rocher dix compagnies de grenadiers pour empescher qu'ils ne nous inquiettent par le petit chemin qui dessend de la Thuille, ou qu'ils ne gagnent les hauteurs de la gauche du camp.

Il faut aussy mettre un corps de troupes à Ayguebelle et un autre à la Croix d'Ayguebelle et afin d'avoir des partys continuellement sur les ennemis, pour observer leurs mouvements, il faut occuper le chateau de Sainte Hélène, il faut tenir à la Combe de la Chartreuse d'Aillon huit ou dix Battaillons, avec un régiment de dragons, pour éloigner les ennemis des Bauges et ainsy les empescher de venir sur les hauteurs de la Thuille. De plus, il n'y a pas d'aparence que tant que nos troupes se maintiendront à la dite combe, les ennemis osent s'enfourner vers Saint Pierre d'Albigny par la raison qu'occupant les hauteurs, nous sommes maîtres quand nous voulons de tomber sur eux. Les troupes de la susdite combe garderont avec soin le col de la Sia et occuperont par des postes tout le contour de ladite combe, à savoir le ravin de Lavanche, le col de la Folie, le col de Sainte Reyne, le col Morbier et le chemin qui traverse la forest de la Linda pour aller à la Thuille. L'on y mettra aussy une garde de dragons à Molardier et un poste d'infanterie à la gorge qui vient de Guilbert à la Chartreuse d'Aillon. Les ennemis n'oseroient de Conflans se présenter à la dite Combe qu'en grande force, à cause de la communication courte et facile avec le camp de Montmeillan par le col de la Sia et le bois de la Linda.

Si les ennemis viennent de Conflans a Saint Pierre d'Albigny.

Il faut que le camp de Montmeillan reste dans la scituation que j'ay marqué. Les troupes d'Ayguebelle et de la Croix d'Ayguebelle viendront camper le long de l'Isère vis à vis des ennemis c'est à dire a peu près la droite vers Chamous et la gauche s'estandant vers le chemin de Montmeillan ; elles laisseront un gros poste à Ayguebelle, un autre à la Croix d'Ayguebelle et un autre entre Chamous et l'embouchure de l'Arc dans l'Isère. Les troupes qu'on aura laissé pour la garde de la Haute Maurienne pourront aussy alors se raprocher, toutes fois laissant toujours quelques Battaillons pour garder les postes de Valoire.

Si les Ennemis en partant de Conflans, chassent les troupes de la comté d'Aillon.

Il n'est plus possible alors de tenir le camp de Montmeillan, n'y de suivre les projets ci-devant marqués, à cause que les ennemis maitres de la comté d'Aillon, s'emparent de toutes les hauteurs qui dominent dans le camp de Montmeillan. Quand vous êtes chassés de Montmeillan, vous ne pouvez plus tenir Chamberry, il faut donc, en ce cas là rompre le pont de Montmeillan et se retirer au camp de Barraux que j'ai fait retrancher en 1711. Il peut se garder avec vingt cinq ou trente Battaillons, même avec moins si il était nécessaire. Il faut faire un pont de batteaux sur l'Isère à Pontcharra, mettre quatre Bataillons avec du canon à Chabannes vis à vis du pont de Montmeillan et avoir toujours un corps de sept à huit Battaillons campés à la Croix d'Ayguebelle et Ayguebelle tant pour garder l'Isère que l'Arc. Il faut à Saint Jean de Maurienne deux ou trois Battaillons et autant à Valoire où à Saint Martin d'Arc. Cette disposition asseure tout, depuis Barraux jusqu'à Briançon et pour fermer sa gauche il faut mettre derriere les Echelles toute la cavalerie et dragons avec cinq ou six Battaillons ; moyennant quoy il ne faut pas craindre que les ennemis songent à passer par là pour penetrer ou faire des courses en Daufiné, car ce corps sera trop gros pour estre attaqué par un detachement médiocre et s'il y en marchoit un trop gros, il se retirera plus en arrière vers Grenoble, mais l'ennemi n'osera jamais se degarnir trop devant l'armée campée à Barraux, car le moindre échec arrivant, leur retraite seroit impossible, ou du moins très difficile, outre qu'il ne pourroit plus vivre que du païs, leur communication avec le Piémont étant rompue.

Si de Conflans les ennemis prennent le grand tour pour venir a Chamberry par Annecy et Aix.

Il faut que les Troupes qui sont dans la comté d'Aillon observent les mouvements des Ennemis et mettent un détachement au Chateau de la Batie et au Desert, afin d'estre bien averty ; et lorsque les ennemis s'approcheront d'Aix, il faudra que l'armée de Montmeillan vienne camper près de Chamberry, laisant seulement quelques Battaillons pour la garde de la ville de Montmeillan. Il faudra camper deux Battaillons par de là le Chateau de la Barre, pour garder le passage du vieux chemin d'Aix. Il faudra aussy camper six Bataillons sur la hauteur du vieux Chamberry : Le reste de l'armée aura sa droite auprès de Chamberry, et s'etendra le long d'une hauteur qui règne à peu près paralelle au chemin qui va du Bourget aux Echelles : moyennant quoy la gauche sera appuyée aux grandes montagnes. Il faut en même tems raprocher les troupes de la Maurienne, laissant pourtant toujours quelques uns à Valoire, et occupant les chateaux de Sainte-Hélène, de Chamous, et de Miolans afin d'estre avertis sy les ennemis faisoient une contre-marche. Quoy que j'aye cru devoir marquer les differentes marches et moûvements que les ennemis pourroient faire en partant de Conflans, il n'est pourtant pas croyable que jamais ils osent les entreprendre par la raison qu'il faudroit qu'ils abandonnassent Conflans et qu'alors non seulement ils n'auroient plus de communication avec leur païs mais qu'ils auroient même de la difficulté à y retourner, par la raison que l'on pourroit aisément se placer derriere l'Isère, depuis Conflans et en bas. Il faudroit, en ce cas, garder aussy Montmeillan par le moyen du pont. De plus une armée ne marche point en avant quand elle ne peut plus esperer d'avoir ses derrières libres, ny par conséquent d'avoir d'autres vivres que ceux qu'elle menne avec soy. Ainsy l'on peut etablir par principe que tant que l'on pourra se maintenir à Montmeillan, ils n'oseront quitter Conflans. Ils pourront comme en 1709 pousser des corps ou détachemens jusqu'à Annecy et au prés du haut Rosne, mais cela n'aboutira qu'a en tirer de la subsistance pour la Cavalerie. C'est sur ce raisonnement que je fonde la conservation de la partie gauche de ma ligne, à scavoir, le Haut-Rosne derrière lequel pourtant, pour empescher les courses, il faudra mettre une partie de sa cavalerie et dragons, avec la valeur de trois ou quatre Battaillons, ce qui sera sufisant pour empescher le passage aux ennemis, d'autant qu'ils ne sçauroient mener de pontons et que ce fleuve est très large, sans gués et les bords quasi partout impraticables, n'ayant point de batteaux ; il n'y a que deux endroits faciles à faire des ponts à sçavoir : Lucé et Grésin. La rivière est très-étroite aux lieux ou étoient les ponts, ainsy on pourroit avec des poutres y en refaire. Au moyen de quelques redoutes qu'on y fera, d'un bon détachement à my-coste et des troupes ci dessus marquées, il faudra que les ennemis pour y passer viennent avec toute leur armée, ce que je prétens, qu'ils ne sçauroient faire parce qu'ils abandonneroient Conflans. L'on aura toujours sa communication assurée avec les troupes qui seront placées au haut Rosne, par derrière le lac de Bourget, et au moïen des Batteaux qu'on rassemblera à Lucé au dessous de Chana.

Il faut observer que lorsque les ennemis s'estendront jusqu'à Annecy, il faut avoir auprès de Chamberry un assez gros corps de troupes, tant pour conserver cette capitale de la Savoye, que pour estre plus à portée, sy les ennemis trouvoient moyen à faire passer le Rosne à quelques troupes, de les charger. C'est dans cette veüe qu'en 1709, j'y plaçay M. de Cilly avec dix neuf escadrons et cinq battaillons. Il faudra aussy, lorsque les ennemis seront à Annecy, mettre un poste au château de Bourget et à Chaux, pour la seureté de la communication avec le Rosne et afin de pouvoir tenir des partis sur les ennemis.

Sy vous avez été obligé de vous replier près de Barraux, il faut que d'Allemagne (1) l'on envoie un corps de cavalerie, et s'il se peut quelqu'infanterie, avec les milices du Bugey et de Bresse, pour garder le Rosne depuis Pierre-Chastel jusqu'à Genève, car l'armée du Daufiné ne le pourra, à moins que d'avoir eu une soixantaine d'escadrons.

---

(1) De l'armée opérant du côté de l'Allemagne.

A l'égard du nombre de Troupes qu'il faut pour la garde de toute cette frontière, en execution du sistème cy-desssus marqué, cela doit dépendre du nombre d'ennemis auxquels on aura à faire, mais en général, on peut conclure qu'il faut avoir plus d'infanterie qu'eux et moitié moins de cavalerie. Par exemple : suposant que les ennemis ayent comme en 1709, soixante cinq bataillons et soixante dix sept escadrons, il faut que l'armée de Votre Majesté soit de 75 battaillons (non compris les garnisons de Monaco et de Villefranche) et de trente escadrons, dont les deux tiers de dragons, s'il est possible.

Voilà, Sire, mon sentiment sur la manière de faire une belle et seure deffensive contre l'armée de M. le Duc de Savoye, mais comme il peut arriver tels cas que Votre Majesté seroit obligée d'augmenter ses armées ailleurs, je prendrai la liberté de vous proposer un autre sistème, au moyen duquel Votre Majesté pourra retirer du Dauſiné une vingtaine de Battaillons.

Briançon étant regardé comme le point principal en but aux desseins des ennemis, il faut premierement le mettre hors d'état de pouvoir être assiégé. Le camp retranché que j'ay fait faire (1) ne peut suffire du moment qu'on n'est pas seur de maintenir le Galibier et les cols qui versent dans la vallée du Monnestier, ce qu'il faut pourtant tacher de faire le plus longtems qu'il sera possible. Pour y suppléer, je prends la liberté de proposer à Votre Majesté, un second camp retranché qui envelope Briançon du costé du Monnestier. J'ay reconnu le terrain, il est très favorable, de peu de frais et de travail, et de très

(1) Le camp établi au Randouillet à l'est de Briançon. Le camp proposé se serait trouve au pied des escarpements du Poët-Ollagnier, sur l'éperon allant dans la direction de Forville, au-dessus de la route de Grenoble.

petite garde. La droite sera à la Montagne du Poëte, le centre à la redoute de la Pinée. Le terrain est très difficile, mais moyennant deux redoutes, je le tiens inattaquable. Depuis la Pinée, jusqu'à la porte de Briançon, c'est un rideau naturel qui est flanqué par la Pinée et par Briançon. L'étendue de la droite à la gauche n'est que d'environ 600 toises. Les deux camps retranchés environnent tout Briançon et se communiquent par les ponts et les chemins que j'ay fait faire. Pour les garder il faut au plus trente Battaillons.

Le second point est essenciel, c'est Barraux. Les ennemis en dessendans par le Mont Senis et la Maurienne, pouvant y mener du canon, la place, en soy-même très défectueuse, ne soutiendroit par un long siège. Il faut donc se placer au camp retranché dont j'ay parlé ci-devant avec vingt Battaillons. Il faut aussi cinq ou six Battaillons pour mettre dans Grenoble ou dans les autres places du Daufiné et de la Povence. Sy les ennemis viennent en Savoye, la cavalerie et dragons doit rester en partie sous Grenoble, et en partie derrière le Rosne, pour garantir le pays autant qu'il sera possible des courses des ennemis, ou du moins les contenir.

Dès que les Ennemis seront dessendus en Maurienne et passés l'Isère, il sera inutile de laisser trente Battaillons à Briançon ; il n'y en faudra laisser que porportionnement au corps que les ennemis laisseront à Exilles : partie du reste viendra par les montagnes, gagner la rivière de Pontcharra afin de donner la main au camp de Barraux, et partie se portera sur Valoire, pour empescher que les ennemis ne puissent tirer par la Maurienne ny vivres ny canons.

Les camps retranchés en état, on fera à l'ouverture de la campagne, à peu près la même disposition que celle que j'ai marqué au commencement de ce mémoire, à sçavoir : le gros des Troupes auprès de Briançon et le reste par échelons en Queyras, à Guillestre, en Barcælonnette.

Si les ennemis viennent vers Briançon, les Troupes qui sont étendues selon leur droite se replieront sur Briançon et en même tems l'on étendra dans le Monnestier 20 Battaillons que l'on destine pour Barraux, afin qu'elles puissent s'y porter diligemment dès que les ennemis dessendront en Maurienne. La cavalerie et dragons s'assembleront entre Lamure et Grenoble afin de pouvoir se porter ou derriere l'Isère auprès de Montmeillan pour retarder le passage de cette rivière et se replier ensuite sur Barraux ou bien se porter diligement vers la Provence s'il en était besoin.

Sy les ennemis veulent entrer en Queyras, en Barcelonnette ou aler vers le Var, il faut faire ce que j'ai marqué dans mon premier projet, observant de laisser toujours quelques troupes au camp de Tournoux, afin que si les ennemis retrogradoient l'on puisse toujours arriver sous Briançon assez en force pour les arrester et donner le tems au reste d'arriver.

L'un et l'autre sistème roule sur allongemens et navettes à propos, sur estre bien averty et sur une connaissance parfaite du païs : au moyen de quoy je suis persuadé que les ennemis ne sçauroient rien faire de considérable.

Mais comme le General ne peut tout faire, ny être partout luy-même, il luy faut de bons seconds et de bons subalternes qui soient actifs, vigilents et qui entrent dans son esprit.

Le premier sistème est seur et honorable ; le second, quoy qu'il demande plus d'attention que l'autre, ne laisse pas de garantir ce qu'il y a de plus essenciel sur les frontières des païs de Votre

Majesté. Mais à la vérité, il en peut, dans la suite, arriver des inconvéniens ; car si les ennemis s'établissant à Chamberry et Montmeillan, font hyverner leur armée en Savoye, l'année d'après ils rendront la deffensive bien plus difficile, par la raison qu'outre l'attention que l'on aura pour Briançon et Barraux, il en faudra encore avoir pour le Bugey et la Franche-Comté ; car pendant l'hyver, ils trouveront ou construiront des Batteaux et se mettront aisément en état de faire des passages sur le Rhosne. Ainsy, je crois, Sire, que ce ne doit estre que par une très-grande necessité que Votre Majesté se determinera à mon second sistème.

Je finiray ce raisonnement par les Endroits où l'on doit faire les emplacements des vivres. (1) Il me parait que les principaux doivent être à Briançon, Grenoble, Antibes et Toulon. L'on doit mettre dans les deux premiers de quoi faire subsister l'armée pendant six mois et dans les derniers pour trois mois.

Il faut aussy au camp de Tournoux de quoy nourrir dix Battaillons pendant trois mois. Du reste, il ne faut depuis Briançon jusques sur le Var, de quoy donner aux troupes du pain à leur passage. Ainsy je compte qu'il faut simplement répandre à Colmar, à Seyne, à Entrevaux, à Guillestre, à Castellaune pour quinze jours de farine pour l'armée : quant à Barraux, sy l'on prenoit le party de suivre le second sistème, il faudroit necessairement mettre ces provisions pour vingt Battaillons pendant trois mois.

Comme l'on ne coupe point les blés, dans les fourrages que l'on fait, et qu'ainsy les chevaux

---

(1) Les approvisionnements en vivres, ne comprenaient que les farines (blé et seigle) pour le pain et l'avoine. Le pain était cuit sur place par les troupes, soit dans les fours du pays, soit dans des fours construits à proximité.

ne subsitent que de foin, il faut absolument avoir un gros magasin d'avoyne à Grenoble et un autre moindre à Fréjus ou Antibes.

J'ajouterai seulement qu'à l'égard de l'artillerie l'on ne peut mener les pièces de 4 que dans la Savoye, mais il faut en avoir nombre de celles qui se portent à dos de mulet. Il faut aussy avoir grande attention de ne jamais détacher aucuns battaillons ni corps considérables qu'il n'y aye des mulets composés à leur suite, à savoir trois par bataillon.

Voilà, Sire, ce que je pense sur la manière dont on peut empescher que les ennemis n'entamment les frontières de Provence et de Daufiné. Je soumets le tout au jugement de Votre Majesté, Laquelle sait mieux que personne en demesler ce qui peut être utile à son service. Au moins est-ce le produit de mon zèle et du respectueux attachement avec lequel j'ay l'honneur d'être,

Sire,
de Votre Majesté,
Le très humble et très-fidèle serviteur.

BERWICK.

Pour rendre encore plus clair à Votre Majesté tout ce que je viens de marquer dans ce livre, j'ai cru qu'il seroit très-utile de joindre ici un abregé de la repartition à faire des Troupes selon l'occurrence, dans les principaux endroits par où les ennemis pourroient venir : et cela dans la supposition que l'armée de Votre Majesté, ne conciste qu'en 68 Battaillons et 31 escadrons. Lorsqu'elle sera plus considerable, il ne sera pas dificile d'en faire la disposition, en observant toujours la même proportion qui se trouve dans l'abrege suivant.

Disposition lorsque les ennemis viennent par le col de Tende dans la comté de Nice.

INFANTERIE

	Battaillons
A Monaco	2
A Villefranche	1
A Saint-Laurent du Var et le Broc	38
A Entrevaux	5
A Tournoux	6
En Queyras	4
A Briançon	9
A l'Œil Noir et Valloire	3
	68

CAVALERIE

	Escadrons
Sur le Var	28
A Conflans	3
	31

Disposition lorsque les ennemis viennent par la vallée d'Estures en Barcelonnette.

INFANTERIE

<table>
<tr><td></td><td>Battaillons</td><td rowspan="5">ou bien</td><td></td><td>Battaillons</td></tr>
<tr><td>Aux Serennes</td><td>15</td><td>A Tournoux</td><td>15</td></tr>
<tr><td>A St-Paul ou Meluzin</td><td>8</td><td>A Vaars</td><td>16</td></tr>
<tr><td>A Tournoux</td><td>8</td><td>Auprès de Barcelonnette</td><td>4</td></tr>
<tr><td>Auprès de Barcelonnette</td><td>4</td><td></td><td></td></tr>
</table>

En Queyras	9
Aux Testes (fort des Têtes)	9
Au fort de Randoüllet	3
A Valoire	2
Aux cols de Neuvache et Œil Noir	1
A Monestier ou Saint-Martin de La Porte	2
A Monaco	2
A Villefranche	1
A Nice	4
	68

CAVALERIE

	Escadrons
A Guillestre	6
A Embrun	5
A Colmars	6
A Gap	2
En Gapençois	2
A Sisteron	2
A Seyne	3
A Conflans	5
	31

Disposition lorsque les ennemis viennent à Oulx ou à Saint Sicaire.

INFANTERIE

	Battaillons
Auprès de Briançon	28
En Queyras	9
A Casset et au Monestier	8
Aux cols de Neuvache et Œil Noir	3
A Valoire	4
A Saint-Martin de La Porte	3
A Tournoux	6
A Monaco	2
A Villefranche	1
A Nice	4
	68

CAVALERIE

	Escadrons
Briançon	3
Guillestre	3
Colmars ou Seyne	6
Conflans et Montmeillan	19
	31

Disposition quand les ennemis dessendent en Haute Maurienne.

INFANTERIE

	Btn
Aux cols de Neuvache et de l'Œil Noir	3
A Valoire	16
Au Point (du Jour)	4
A Vilargondran	12
A Moustiers	4
Auprès de Briançon et vallée du Monestier	12
Au fort de Randoüllet	3
En Queyras	5
A Tournoux	3
A Monaco	2
A Villefranche	1
A Nice	3
	68

CAVALERIE

	Escadrons
A Briançon	3
A Conflans	28
	31

Disposition lorsque les ennemis dessendent à Couflans.

INFANTERIE

	Btn
Au poste de Montmeillan	16
A Aillon	8
A Chambéry	4
A Seyssel	3
A la Croix d'Ayguebelle	4
A Ayguebelle	4
A la Chambre	2
A Saint-Jean (de Maurienne)	2
A Valoire	2
Auprès de Briançon et du Monnestier	10
Au fort de Randouillet	2
En Queyras	5
A Tournoux	2
A Monaco	2
A Ville Franche	1
A Nice	2
	68

CAVALERIE

	Escadrons
A la Chambre	3
A la Croix d'Ayguebelle	3
A Montmeillan	4
A Chamberry	10
A Seyssel ou derrière le haut Rhosne	11
	31

Imp. Noirclerc & Fénétrier, Lyon

www.ingramcontent.com/pod-product-compliance
Ingram Content Group UK Ltd.
Pitfield, Milton Keynes, MK11 3LW, UK
UKHW021507260726
13993UKWH00004B/1588

9 782329 174914